El mundo entero

Escrito por Liz Garton Scanlon

e

ilustrado por Marla Frazee

SerreS

Para Kirk —L. G. S.

Para Reed —M. F.

Título original: *All the world*
Publicado originalmente por Beach Lane Books,
un sello de Simon & Schuster Children's Publishing Division

© del texto, Elizabeth Garton Scanlon, 2009
© de las ilustraciones, Marla Frazee, 2009
© de la traducción, Varda Fiszbein, 2010
© de esta edición, RBA Libros, S.A., 2010
Pérez Galdós, 36 08012 Barcelona
www.rbalibros.com / rba-libros@rba.es

Primera edición: octubre 2010
Diagramación: Editor Service, S.L.

Impreso en China
Referencia: SLHE084
ISBN: 9788484882176

Roca,
piedra,
guijarro,
arena

Cuerpo, brazo, mano, dedos

Un hoyo que cavar

una caracolilla

para mamá

El mundo entero es inmenso

Colmena, abeja, alas, bzzzzz

Grano, mazorca, maíz,

¡Rico!

Tomates maduros,
rojos y sabrosos

El mundo entero es un gran jardín

Árbol,
tronco,
rama,
hojas

Trepar, sentarse y mirar

el color de la luz del sol cambiar

El mundo
es viejo
y es nuevo

Camino, calle, sendero, huellas

Buque, barco, balsa de madera

Nido, pájaro, pluma, vuelo

El mundo entero
llega al cielo

Paseo, charco, resbalón,
lluvia de nubarrón

Otro día
será
mejor

El mundo entero

gira alrededor

Copa y cuchara,
mesa y tazón

Llega la cena,
¡oh que ilusión!

Sopa, mantequilla, bizcochos y harina,

El mundo entero
es frío y es caliente

Se agrandan
las sombras,
el sol se está escondiendo

Grillos, telón, el día acabó

y el calor
de un
fuego
ardiendo

El mundo entero
podría
estar
tranquilo

Abuelos,
papás,
primos, amigos

Piano, arpa

y violín

Todo el mundo está feliz

El mundo entero somos tú y yo

Todo lo que oyes, hueles, ves

El
mundo
entero
es todo

Todo
somos
tú
y
yo

Esperanza y paz

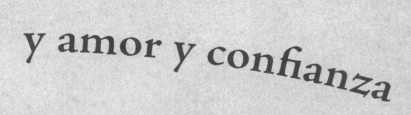

y amor y confianza

El mundo

entero

es

todo

nuestro